신선 나라에서 오래전에 내려 주신 글방 동무를

가을 깊은 규중에 보내니 구경하고 나서

오동나무 바라보며 달빛도 그려 보고

등불 아래 벌레와 물고기도 그려 보아라.

—허봉의 《하곡집》 중 〈송필매씨(送筆妹氏)〉*에서

*송필매씨 누이에게 붓을 보내며

위대한 책벌레 5

초희의 글방 동무_선녀의 글재주를 지닌 천재 시인 허난설헌 이야기

초판 1쇄 발행 2014년 8월 22일
초판 9쇄 발행 2022년 7월 22일

글   장성자
그림   최정인

펴낸곳 도서출판 개암나무(주)
펴낸이 김보경
경영관리 총괄 김수현   **경영관리** 배정은
편집 조원선   **디자인** 김효정   **마케팅** 신종연
출판등록 2006년 6월 16일 제22-2944호

주소   서울특별시 용산구 한남대로40길 19, 4층(한남동, JD빌딩) (우)04417
전화   (02)6254-0601, 6207-0603   팩스 (02)6254-0602   E-mail gaeam@gaeamnamu.co.kr
개암나무 블로그 http://blog.naver.com/gaeamnamu   개암나무 카페 http://cafe.naver.com/gaeam

ⓒ 장성자, 최정인, 2014
이 책의 저작권은 저자에게 있습니다. 저자와 출판사의 허락 없이 내용의 일부를 인용하거나 발췌하는 것을 금합니다.

ISBN 978-89-6830-052-3 74810
ISBN 978-89-6830-029-5 (세트)

이 도서의 국립중앙도서관 출판시도서목록(CIP)은 서지정보유통지원시스템 홈페이지(http://seoji.nl.go.kr)와
국가자료공동목록시스템(http://www.nl.go.kr/kolisnet)에서 이용하실 수 있습니다.
(CIP제어번호: CIP2014020953)

품명 아동 도서 | **제조년월** 2022년 7월 22일 | **사용연령** 10세 이상
제조자명 개암나무(주) | **제조국명** 대한민국 | **전화번호** 02-6254-0601
주소 서울특별시 용산구 한남대로40길 19, 4층(한남동, JD빌딩)

초희의 글방 동무

장성자 글 최정인 그림

개암나무

작가의 말

마음껏 책을 읽고 글을 짓고 싶었던
책벌레 소녀 초희

여러분은 우리나라 최초의 여류 시인을 알고 있나요? 바로 이 책의 주인공 초희, 허난설헌이랍니다. 초희는 허난설헌의 어릴 적 이름이에요.

허난설헌은 1563년 강릉에서 태어났어요. 유명한 학자이며 정치가인 초당공 허엽의 셋째 딸로, 허성과 허봉을 오라버니로 두고 《홍길동전》을 쓴 허균을 동생으로 두었지요. 오라버니들도 문장이 뛰어나 과거에 급제하고 주요 관직을 맡았어요. 이렇게 학문을 가까이하는 집안이어서 그랬을까요? 허난설헌도 어릴 적부터 책 읽기를 즐겼고 글 짓는 재주가 뛰어났습니다.

하지만 조선 시대에는 여자가 글을 배워 책을 읽거나 학문을 닦는 일을 금기시했어요. 얌전하게 살림을 배우다가 일찍 시집가는 길만을 선택할 수 있을 뿐이었지요. 그러니 혼기가 찬 딸에게 살림을 가르쳐 혼인시키고자 했던 어머니와, 글을 배우고 시를 지으며 재능을 키우고 싶었던 초희의 갈등은 점점 커져만 갔을 것입니다. 그리고 누이동생 초희를 매우 아꼈던 오빠 허봉은 그런 초희를 보며 몹시 안타까워했겠지요.

초희의 마음을 누구보다 잘 알았던 허봉은 결국 방법을 찾아냈습니다. 누이동생과 글방 동무가 되기로 한 것이지요. 남매는 손곡 이달이라는 선비를 스승으로 모시고 부족한 부분을 서로 채워

관직(官職) 관리가 나라로부터 받은 일이나 자리.
금기시(禁忌視) 마음에 꺼려서 하지 않거나 피함.
혼기(婚期) 결혼하기에 알맞은 나이.

가며 글을 읽고 시를 지었습니다. 허봉은 초희와 함께했던 그 시절을 오래도록 행복한 추억으로 간직했나 봅니다. 당파 싸움에 휘말려 유배 생활을 하던 중 허난설헌에게 보낸 편지에 그 마음이 고스란히 담겨 있으니까요.

    글방 동무라, 가볍게 희롱받으며 달 밝은 가을밤에 글 짓던 생각 간절코나. 달빛에 비스듬히 오동나무 비껴 있어, 등불 아래 앉아 있노라니 남매의 정 금할 수가 없고나…….

남매가 함께한 글방의 분위기는 아주 정겨웠을 것입니다. 글 읽는 소리와 웃음소리가 끊이지 않았겠지요. 함께 글을 읽고 시를 지으면서 남매의 정도 더욱 두터워졌을 것입니다. 그 모습을 떠올리니 행복한 기운이 가슴 가득 퍼지는 듯합니다.

  어린 시절 글방 동무의 추억은, 결혼 후 순탄치 않은 삶을 살았던 허난설헌에게 큰 힘이 되었을 거예요. 시대를 잘못 만나 재능을 펼치지 못하고 일찍 져 버린 허난설헌. 열한 살 책벌레 소녀의 행복했던 한때를 그려 보고 싶었습니다.

장성자

차례

자수틀에 책을 얹고 11

숨바꼭질 17

책벌레 아기씨 26

밥 짓기는 되고, 글짓기는 안 된다고? 31

세상의 법도 39

 스승님은 내가 찾을 거야 48

 흔들리는 배 59

담장 밖 세상 구경 70

글방 동무 78

일러두기

1. 허난설헌이 스승인 손곡 이달을 처음 만난 시기는 정확히 알려져 있지 않아(8~15살 사이로 추정) 작가의 의도에 따라 11살로 설정하였습니다.
2. 등장인물들의 나이와 허봉이 과거에 급제한 시기 등은 역사 자료를 바탕으로 하였으나, 상세한 이야기는 작가가 상상력을 발휘해 지었음을 밝힙니다.

자수틀에 책을 얹고

"앗, 따가워!"

초희가 비명을 질러도 여주댁은 눈길 한 번 주지 않았다.

"이 천이 피로 빨갛게 물들어도 좋단 말이야?"

초희는 목소리를 깔고 여주댁을 나무라듯 말했다. 그제야 여주댁이 초희를 바라보았다.

"바늘에 찔리니 정신이 번쩍 드시지요? 그렇게 배우는 겁니다."

여주댁은 말하면서도 바느질을 멈추지 않았다.

"여주댁, 난 바느질에는 영 마음이 가지를 않아. 어머니께 대신 얘기 좀 해 줘, 응?"

"오늘은 둘 중 하나를 택해 꼭 배우라 하셨습니다. 자수를 놓든가, 음식을 만들든가. 바느질이 싫으면 부엌으로 가시겠습니까?"

초희는 바늘을 자수천에 찔러 놓고 한숨을 푹 쉬었다.

"왜 셋 중에서 고르라고는 안 하시지?"

"셋이라니요?"

"수를 놓든가, 음식을 하든가, 책을 읽든가. 그럼 망설이지 않고 대번에 고를 수 있는데……."

여주댁은 초희가 무슨 말을 하는지 모르겠다는 듯 다시 눈을 내리깔았다.

"모란꽃 한 송이를 완성하시면 오늘은 그만하겠습니다."

어머니의 명을 받은 여주댁은 방문을 지키는 수문장˙ 같았다. 할 수 없었다. 이 방에서 나가려면 수를 놓는 수밖에. 초희는 바늘에 엉킨 실을 가위로 잘라 냈다. 실 끼우기부터 다시 해야 했다. 붉은색 실을 한 자˙ 정도 잘라서 실 끝을 엄지와 검지로 비비니 실 끝이 뾰족해졌다. 왼손에는 바늘을 들고 오른손에는 실을 잡았다.

수문장(守門將) 각 궁궐이나 성의 문을 지키던 무관 벼슬.
자 길이의 단위. 한 치의 열 배로 약 30.3cm를 이름.

두 손이 천천히 눈앞에서 만났다.

　손이 바들거렸다. 열 발가락 끝에 힘이 들어갔다. 하지만 실은 바늘귀* 주위에서 맴돌 뿐, 바늘귀를 통과하지 못했다. 입안 가득 바람을 넣은 채, 초희는 점점 더 눈을 찡그리며 바늘귀와 실이 만나기를 기다렸다. 허사*였다. 손가락 사이에서 땀이 배어 나왔다.

"휴."

초희는 두 손을 툭 떨어뜨리며 한숨을 쉬고는 여주댁을 불렀다.

"여주댁."

여주댁은 눈을 내리깐 채 답이 없었다.

"실 좀 한 번만 더 끼워 줘."

초희가 다시 말했지만 여주댁은 고개를 들지 않았다. 그리고 보니 재빠르게 천을 뚫고 지나가던 바늘이 보이지 않았다.

"칫, 잠자는 수문장이네."

　초희는 실과 바늘을 치우고 다리를 쭉 뻗었다. 팔도 쭉 뻗

바늘귀 실을 꿰기 위하여 바늘의 위쪽에 뚫은 구멍.
허사(虛事) 헛일.

어서 기지개를 켜고는 허리도 움직였다.

'아!'

그제야 방석 밑에 깔려 있던 책이 생각났다. 어제 몰래 오라버니 방에서 가져온 책이었다. 초희는 엉덩이를 들어 방석 밑에 있는 책을 만져 보았다. 입가에 웃음이 번졌다. 초희는 여주댁을 살피며 천천히 책을 빼 들었다. 겉표지에 '두보'라고 적혀 있었다. 무슨 내용인지는 잘 몰랐지만 오라버니가 베껴 쓴 책이라 믿음이 가서 무조건 들고 나와 버렸다. 책을 잡은 두 손이 살짝 떨렸다. 바늘을 들었을 때 떨리던 것하고 느낌이 달랐다. 바늘과 실에는 가까이 가기 두려워하던 두 손이, 서로 힘을 합쳐 큰일을 치르려는 무사들처럼 덥석 책에 달려들려고 했다.

여주댁이 눈을 살며시 뜨며 자세를 고쳐 앉았다. 순간, 초희는 책을 자수틀 위에 얹었다. 그리고 여주댁처럼 눈을 내리깔고 자수틀만 바라보았다. 여주댁이 여전히 졸고 있는 걸 확인한 뒤 초희는 천천히 책 표지를 넘겼다. 책이 너무 가까워서 글자가 눈에 잘 들어오지 않았다. 그래도 좋았다. 책 냄새가 좋았다. 마음이 편안해졌다.

숨바꼭질

"아기씨, 안방마님 오셨습니다."

갑분이의 말이 끝나기도 전에 여주댁이 벌떡 일어나서 초희에게로 다가왔다. 여주댁을 바라보는 초희의 눈이 불안하게 흔들렸다. 여주댁은 얼른 실 꿴 바늘을 초희의 손에 들려 주고, 자수틀 위에 있던 책을 자신의 방석 밑으로 숨겼다. 방문이 열렸다.

"수는 많이 놓았느냐?"

어머니의 말에 초희가 쭈뼛거리며 일어났다. 어머니는 초희가 수놓은 천을 바라보며 혀를 끌끌 찼다.

"아직 꽃잎 하나도 못 끝낸 게냐?"

"손이 여려* 익숙지 않사오나, 금방 나아지실 겁니다."

여주댁이 허리를 굽히며 말했다.

"흠……."

어머니의 못마땅한 음성이 방 안에 가득 찼다.

"내일은 오라비의 벗들이 축하하러 온다고 했으니, 좀 쉬었다가 부엌으로 가거라."

"부엌은 어찌……."

이미 어머니의 마음을 눈치챘지만, 초희는 제발 아니기를 바라며 조심스럽게 물었다.

"손님에게 대접할 음식 만드는 법과 상 차리는 법을 배울 것이야. 아랫것들이 다 한다고 해도 상전*이 제대로 알고 있어야 집안의 기강*이 잡히는 것이다."

생각한 대로였다. 초희는 고개를 숙이고 아무 말도 하지 않았다. 어머니는 초희에게 가르칠 것들을 여주댁에게 이르고 나갔다.

점심을 먹고 나서도 초희의 얼굴은 밝아지지 않았다. 요즘 들어

여리다 단단하거나 질기지 않아 부드럽거나 약하다.
상전(上典) 예전에, 종에 상대하여 그 주인을 이르던 말.
기강(紀綱) 예의와 질서를 아울러 이르는 말.

초희는 잘 웃지 않았다. 깔깔거리며 집 안을 뛰어다니고, 갑분이에게 옛이야기를 들려주던 모습은 더 이상 보이지 않았다.

"엄니, 아기씨랑 잠깐 나가서 숨바꼭질이라도 하고 올게요."

눈치를 보던 갑분이가 여주댁에게 물었다. 여주댁이 고개를 끄덕였다.

"싫다."

초희는 갑분이가 자기를 가엽게 여기는 것 같아 언짢았다.

"아기씨, 뭔가 마음에 들지 않는 모양이어요?"

초희가 얼굴을 들었다. 어찌 알았냐는 표정이었다.

"제가 아기씨를 키웠잖아요. 다섯 살밖에 안 된 제가 아기씨 업고, 기저귀 갈고. 얼마나 힘들었는지 모르시지요?"

갑분이의 넉살에 초희의 눈이 점점 반달눈이 되었다.

"숨바꼭질하자."

"아기씨가 먼저 숨으셔요. 제가 찾을게요."

"싫어. 우물가까지 먼저 달려간 사람이 숨기로 해."

초희는 말을 끝내자마자 벌떡 일어서서 방문을 열어젖혔다. 초희와 갑분이는 신발을 찾아 신느라 법석*을 떨었다.

"아기씨, 밀지 마셔요."

"내가 언제 밀었다고 그래?"

둘은 냅다 마당을 돌아 우물가로 뛰어갔다.

"아기씨, 찾습니다!"

갑분이는 감았던 눈을 뜨고 주위를 살폈다. 초희가 숨을 곳은 뻔했다. 안채° 뒤꼍, 장독대로 가면서 갑분이는 일부러 큰 소리로 말했다.

"우리 아기씨, 어디 숨었을까요. 생쥐도 모르고 고양이도 모르지만 나는 알지요. 아기씨!"

갑분이는 부러 발을 크게 구르며 커다란 장독 뒤로 몸을 날렸다.

"어?"

장독 옆에 오도카니 앉아서 헤벌쭉 웃어야 할 초희가 없었다.

"아기씨, 아기씨!"

갑분이는 안채 마당과 행랑채°, 별채°를 돌아다니며 초희를 찾

법석 소란스럽게 떠드는 모양.
안채 한 집 안에 안팎 두 채 이상의 집이 있을 때, 안에 있는 집채.
행랑채 대문 옆에 있는 집채.
별채 본채와 별도로 지은 집.

앉지만 헛일이었다.

초희는 신발 두 짝을 양손에 움켜쥐고, 햇살이 비껴드는 서가˚를 쳐다보았다. 한쪽 벽을 따라 층층이 세워진 서가에는 책이 빼곡했다. 아버지가 늘 책을 읽고, 손님들과 차를 마시며 이야기를 나누는 사랑채˚에 숨은 것이다. 자신을 애타게 찾는 갑분이의 목소리가 들렸지만 신경 쓰지 않았다.

"아버지는 저 책들을 다 읽으셨을까. 책이 얼마나 재미있으면 저렇게 많은 책을 두고두고 보실까."

초희는 무릎걸음으로 서가에 다가갔다. 두 손을 치마에 닦고, 천천히 책 한 권에 손을 댔다. 갑자기 바깥이 소란스러웠다. 초희는 재빨리 바닥에 엎드렸다.

"도대체 아기씨가 어디에 숨었단 말이야?"

"모르겠어요. 집 밖에도 나가 봤는데 보이지 않아요."

갑분이가 울먹거리며 여주댁에게 대답하는 목소리가 들렸다.

"사랑채에는 들어가 봤니?"

서가(書架) 문서나 책 따위를 얹어 두거나 꽂아 두도록 만든 선반.
사랑채 바깥주인(남편)이 머무르며 손님을 접대하는 집채.

초희는 몸을 더 움츠렸다.

"대감마님이 오실 때까지 아무도 들어가지 말라고 하셨잖아요. 설마 아기씨가 거기에 숨었겠어요?"

여주댁과 갑분이의 목소리가 점점 멀어져 갔다.

"휴……."

그제야 초희는 몸을 일으키며 씩 웃었다. 아버지는 명나라에 사신으로 가셨다.

'이 사랑채에서 하루 종일 책을 읽으면 얼마나 좋을까.'

초희는 한참을 선 채로 서가에 꽂힌 책들을 훑어보았다.

사신 임금의 명령을 받고 외국에 가는 신하.

책벌레 아기씨

서가에는 아는 책도 있었지만, 모르는 책이 대부분이었다. 초희는 같은 제목으로 여남은 권이 죽 이어져 있는 책 중에 한 권을 꺼냈다.

"태, 평, 광, 기?"

작은 목소리로 제목을 읽으며 첫 장을 펼쳤다. 선녀가 나오는 이야기책이었다. 초희는 입맛을 다시며 바닥에 배를 깔고 엎드렸다. 아버지처럼 반듯하게 앉아서 책을 읽고 싶었지만, 문에 그림

여남은 열이 조금 넘는 수.
태평광기(太平廣記) 977년, 중국 송나라 황제의 명에 따라 엮은 중국 설화집.

자가 비칠까 봐 배를 밀며 문 쪽으로 갔다. 책장을 넘기면서 초희는 천천히 책 속의 이야기에 빠져들었다. 잠시 후 하얀 창호지에 먹물을 뿌린 것처럼 방이 확 어두워졌다. 초희는 할 수 없이 머리를 책에 대고 눈을 살짝 감았다. 소금물로 세수한 것처럼 눈이 한 차례 따끔거리더니 점점 편안해졌다. 하품이 머리를 울리며 입 밖으로 빠져 나갔다.

"죽을죄를 지었습니다요, 마님."

갑분이는 마당에 꿇어앉아 두 손을 맞잡고 빌었다.

"초희가 언제부터 안 보인다는 게야?"

"점심을 드시고 갑분이와 숨바꼭질을 했는데, 어디에 숨으셨는지 아무리 찾아도 보이지 않는답니다. 손님이 계셔서 진작 말씀드리지 못했습니다."

여주댁이 허리를 굽히며 대신 말했다.

김씨 부인은 화를 참으려는 듯 입술을 깨물었다. 집안에 경사가 있어서 손님이 계속 드나들었고, 지금도 손님이 머물고 있어

경사(慶事) 축하할 만한 기쁜 일.

자칫하면 초희에 대한 안 좋은 소문이 퍼질 수도 있었다.

"법석 떨지 말고 차근차근 얘기해 보아라. 부엌으로 오라는 말에 화가 난 것 같지는 않더냐?"

"책벌레 아기씨한테 음식을 배우라 하니 화난 것 같았습니다."

갑분이가 머리를 조아리며 대답했다.

"책벌레?"

"아, 아닙니다요, 마님. 제가 말을 잘못했습니다. 그, 그냥 책을 좋아하시기에……."

초희에게 벌레라고 했으니, 갑분이는 자신이 죽은 목숨이나 다름없다고 생각했다. 김씨 부인이 잠시 생각에 잠기더니 말했다.

"조용히 따라오너라."

김씨 부인이 앞장섰다. 갑분이는 눈물, 콧물을 닦으며 김씨 부인을 뒤따랐다.

중문을 지나고 김씨 부인이 멈췄다.

"열어라."

"대감마님이 아무도 들어가지

말라고 하셨는데……."

갑분이가 중얼거리며 사랑채 마루로 올라갔다. 천천히 사랑채 문을 열고 방 안을 살폈다. 어두워서 잘 보이지 않았다.

"여기에도 안 계십니다요. 어?"

갑분이가 문을 닫으려다 말고 다시 문을 밀었다. 누마루˚로 난 창문 밑에 무언가가 있었다.

"왜 그러느냐?"

김씨 부인이 마루로 올라왔다. 갑분이는 눈을 끔벅대며 방을 살폈다.

"아이고, 아기씨!"

창문 밑에서 초희가 책을 베고 잠들어 있었다. 갑분이가 달려가 초희를 흔들어 깨웠다.

누마루 다락처럼 높게 만든 마루.

"불을 밝혀라."

김씨 부인이 단호하게 말했다.

잠에서 깬 초희는 아무 말도 하지 않고 자신을 내려다보기만 하는 어머니가 무서웠다. 올해 들어, 어머니는 예전과 달리 엄해졌다.

"이제 책은 그만 읽고 가사˙를 배우라 그리 일렀거늘, 어미 말을 허투루 들은 게냐?"

"어머니, 왜 저는 글을 배우고 책을 읽어서는 아니 됩니까?"

"혼례를 올리면 친영해야 하는데, 가사도 제대로 못하면서 글만 읽으면 어느 댁에서 좋아하겠느냐?"

"친영이라니요?"

초희의 물음에 김씨 부인이 나직이 한숨을 쉬었다.

"혼인하면 시댁에 들어가 살아야 한단 말이다. 지금까진……."

초희가 벌떡 일어섰다. 무거운 돌덩이가 가슴을 짓누르는 것 같아 답답했다.

"저는 혼인 같은 건 하지 않을 겁니다."

초희를 바라보는 어머니의 눈빛에는 어느새 걱정이 어려 있었다.

가사(家事) 살림살이에 관한 일.

밥 짓기는 되고, 글짓기는 안 된다고?

"균아, 어디 보자."

김씨 부인이 마당에 앉아 있는 균이를 일으켜 세웠다. 균이는 새를 잡겠다며 종일 마당에서 새총을 가지고 놀았다. 진짜 새를 잡는 건 허락되지 않았기에, 새 잡는 흉내만 내고 있었지만 균이의 모습은 새를 백 마리도 더 잡은 아이처럼 신나 있었다.

"형님의 벗들이 왔으니, 가서 인사를 드려야지. 그 벗들 중에 네 스승이 되어 줄 분도 있을 것이다."

균이의 옷을 털어 주며 이야기하는 김씨 부인의 목소리가 들떠 있었다.

"아버지와 형들을 닮아 명석하니, 스승에게 배우면 우리 균이의 학문이 대국까지 뻗어 나가는 것은 문제도 아니지."

김씨 부인은 균이의 어깨를 다독이다가 흠칫 놀랐다. 언제부터인지, 초희가 뒤에 서 있었다. 초희의 눈빛이 마치 김씨 부인과 균이를 노려보는 것 같았다.

"왜 그러고 서 있는 게야?"

"차를 끓여 내는 법도를 배우려고 안채로 가는 길입니다……."

꿈적도 않는 초희를 대신해 갑분이가 말했다.

"어서 가거라."

김씨 부인은 초희의 눈빛을 모른 체했다.

"어머니."

초희의 단호한 목소리에 김씨 부인은 가슴이 뜨끔했다. 요즘 들어 초희가 하는 일마다 못마땅해하고 있었기에, 초희가 무슨 말을 할지 걱정되었다. 한번 따지고 들면 못 당할 아이였다.

"저도 스승님께 학문을 배우고 싶습니다. 다섯 살짜리 균이도

명석하다 생각이나 판단력이 분명하고 똑똑하다.
대국(大國) 옛날에 우리나라에서 중국을 이르던 말.

스승님께 학문을 배우는데, 저는 어찌…….”

"그건 누이가 여자라서 그렇잖아."

균이는 자신도 아는 것을 누이가 모르는 게 이상하다는 듯 고개를 갸웃하며 끼어들었다. 똑 부러지게 말하던 초희가 몸을 부르르 떨었다.

"여자는 글공부하면 안 된다는 법이 있다더냐?"

균이는 누이가 화가 났는지 아닌지 관심도 없었다. 새총으로 나무 위만 노리고 있었다. 초희는 다섯 살짜리 동생에게 업신여김을 받은 것 같아 견딜 수가 없었다. 어머니는 초희의 눈빛을 피하며 균이를 데리고 걸음을 옮겼다.

"밥 짓기는 되고, 글짓기는 안 된다니, 말이 돼? 나도 글공부할 거야. 그래서 작은 오라버니처럼 과거에 급제할 거야. 임금님을 도와 나랏일도 할 거야. 명나라에서는 그런다는걸. 여자도 벼슬하고 그런다는걸. 나는 꼭 글공부를 많이 하여……, 읍."

초희가 눈을 감고 악을 바락바락 쓰자, 김씨 부인이 달려와서 초희의 입을 막았다. 그러고는 안절부절못하며 초희를 자신의 뒤로 밀었다.

"어느 댁 규수*의 목소리가 이리 큰가 했습니다."

그제야 초희는 눈을 끔벅이며 대문 쪽을 보았다. 어느 대갓집 마나님으로 보이는 부인이 서 있었다. 차가운 눈빛과 굳게 다문 입술에서 초희를 못마땅해한다는 걸 느낄 수 있었다.

"오셨습니까? 기별*을 주셨으면 모시러 갔을 터인데……."

규수(閨秀) 남의 집 처녀를 점잖게 이르는 말.
기별(奇別) 다른 곳에 있는 사람에게 소식을 전함.

김씨 부인이 허리를 굽히며 인사했다.

"소문대로 댁에서는 아이들을 편하게 키우시는 것 같습니다. 둘째 아드님이 과거에 급제했다 하여 축하하러 들렀는데, 나중에 따님이 과거 급제하면 그때 또 축하드리러 와야겠군요."

냉소 섞인 부인의 말에 김씨 부인은 몸 둘 바를 몰라했다.

"아직 어려서 생각이 바르지 못합니다. 어서 안채로 드시지요."

냉소(冷笑) 쌀쌀한 태도로 비웃음. 또는 그런 태도.

김씨 부인은 얼른 부인을 안채로 안내했다. 부인이 다시 한번 초희를 훑어보고는 돌아섰다.

"누구신데?"

"나리께서 아기씨 혼처˚ 자리로 생각하시는 집안의 마님이래요."

갑분이가 작은 목소리로 말했다.

"뭐?"

초희는 그 자리에 주저앉았다. 글공부하고 싶다고 악을 썼지만, 부모님 얼굴에 먹칠할 생각은 전혀 없었다. 어머니가 얼마나 노심초사˚할지, 아버지가 자신을 부끄러워하지는 않을지 걱정되었다.

균이는 오라버니 방으로 갔는지 보이지 않았다. 초희는 균이와 어머니가 간 곳을 번갈아 보았다. 어느 쪽으로 가도 환영받지 못할 것 같았다.

혼처(婚處) 혼인할 자리.
노심초사(勞心焦思) 몹시 마음을 쓰며 애를 태움.

세상의 법도

　벌써 3일째 어머니는 아침 문안을 받지 않았다. 초희는 별채에서 혼자 밥을 먹고, 수를 놓고, 바느질을 했다. 균이가 노는 소리도 들리지 않았고, 갑분이도 들르지 않았다. 초희는 쪽가위를 들어 실을 끊고 자수틀을 물끄러미 보았다. 모란 꽃잎 하나에 실이 엉긴 것처럼 수가 놓여 있었다. 그것도 며칠 동안 끙끙대며 겨우 완성한 것이었다.

　"차라리 모란으로 시를 쓰라고 하면 좋을 텐데."

법도(法度) 생활 속에서 예법과 제도를 아울러 이르는 말.
문안(問安) 웃어른께 안부를 여쭘. 또는 그런 인사.

모란에 대한 시상˙이 떠오를 듯 떠오르지 않았다. 머릿속이 뒤죽박죽이었다.

"초희야."

둘째 오라버니의 목소리였다. 방문을 열고 들어오는 오라버니의 모습에 초희의 얼굴이 환해졌다.

"집안 분위기가 착 가라앉은 게 우리 누이 때문이라지?"

오라버니의 웃음과 음성은 언제 들어도 좋았다. 하지만 초희는 일부러 부루퉁하게 말했다.

"어찌 오셨습니까? 균이하고 글공부하던 중 아니셨습니까?"

"균이는 어리지만 영특해서 가르치는 재미가 쏠쏠하구나."

"저는 균이보다 더 잘할 수 있습니다."

초희는 오라버니에게 다가앉으며 말했다. 응석 부리는 아이처럼 보이겠지만 어쩔 수 없었다.

"글을 쓰고 읽을 줄 알면 되었다. 사대부˙의 여식이니 그만큼이라도 배운 것이다."

시상(詩想) 시를 짓기 위한 생각.
사대부(士大夫) 양반을 일반 평민과 비교하여 높여 부르는 말.

오라버니는 어머니보다 더 엄하게 말했다. 초희는 귓불이 빨개지고 얼굴이 뜨거워졌다. 어릴 적 글을 가르쳐 주며 "우리 초희는 하나를 가르쳐 주면 열을 깨치는구나." 하고 칭찬하던 오라버니가 초희를 밀어내고 있었다.

"저는 그보다 더 배우고 싶습니다. 훌륭하신 학자들의 가르침을 깨우쳐 우주 만물의 이치를 알고 싶습니다. 오라버니와 벗들처럼 학문에 대해 서로 이야기를 주고받으며 남의 생각도 귀담아듣고, 나의 생각도 당당하게 이야기하고 싶습니다."

"여자가 글공부하거나, 나랏일을 하는 건 지금 세상의 법도에 어긋나는 일이니라. 그러니……."

"그러니, 수나 놓고 밥이나 지으라는 것이지요?"

"그게 하찮은 일이더냐? 혼인하여 아이를 낳고 정성껏 키워 나라의 훌륭한 인재를 만드는 일이 여자가 할 일이고, 중요한 일이다."

오라버니는 아예 작정하고 온 것 같았다. 어머니의 부탁을 받은 것이 틀림없었다.

만물(萬物) 세상에 있는 모든 것.
이치(理致) 사물의 정당한 체계와 갈피.

초희는 입을 옹다물고 방바닥만 내려다보았다. 모란의 붉은 꽃잎이 초희의 가슴에서 번져 나갔다. 꽃잎은 점점 더 넓게 퍼져서 가슴을 꽉 채웠다. 초희는 한쪽 무릎을 세워 가슴팍으로 당겼다. 꽃잎이 퍼져 나가지 못하게 무릎을 꽉 껴안았다. 하지만 소용없었다. 꽃잎이, 눈물이 되어 새어 나오려 했다. 오라버니는 "큼, 큼." 헛기침을 하며 초희의 눈치를 살폈다.

"아직 벗이 있으니, 이만 가 봐야겠구나."

초희는 두 팔로 꽉 안았던 무릎을 놓았다.

"아직 안 가신 분이 계십니까?"

"동가식서가숙 하는 벗인데, 얼마 동안 나와 지내며 공부도 하고 나랏일에 대해 얘기도 할 참이다."

"어떤 분이십니까? 양반이 아닙니까? 어찌 여기저기 떠돌며 산다는 말입니까?"

"그런 괴짜가 있느니라. 학문은 뛰어나지만 세상이 그를 받아 주지 않으니……."

옹다물다 입 따위를 야무지게 꼭 다물다.
동가식서가숙(東家食西家宿) 일정한 거처가 없이 떠돌아다니며 지냄을 이르는 말.
괴짜 괴상한 사람.

"그분도 세상의 법도 안으로 들어가지 못한 분이옵니까?"

오라버니는 고개를 끄덕이며 초희를 보았다. 좀 전까지만 해도 낯빛이 붉으락푸르락하더니 어느새 표정이 환해졌다.

"어서 가 보십시오."

초희의 표정이 왜 갑자기 밝아졌는지 알 수 없어 오라버니는 고개를 갸웃했다. 오라버니가 가고 난 후, 초희는 살금살금 방에서 나왔다. 오라버니의 거처˚인 작은 사랑채로 들어가는 문 앞에서 초희는 걸음을 멈췄다. 작은 사랑채 마루에 오라버니와 낯선 선비 한 사람이 앉아 있었다. 무명˚ 두루마기는 허름해 보였으나, 수염이 곧게 자란 얼굴은 단정해 보였다. 오라버니보다 나이가 많아 보였지만, 오라버니가 말한 친구가 분명했다. 무슨 이야기를 나누는지 그 선비는 호탕하게˚ 웃기도 하고, 고개를 들어 높은 나뭇가지를 쳐다보기도 했다. 초희는 뭔가 결심한 듯 웃으며 돌아섰다.

다음 날 아침 일찍, 초희는 부엌으로 갔다.

"어머, 아기씨께서 어쩐 일로 부엌에 다 오셨습니까?"

거처 일정하게 자리를 잡고 사는 일. 또는 그 장소.
무명 솜을 자아 만든 실로 짠 면(천).
호탕하다 씩씩하고 쾌활하다.

갑분이가 어리둥절하다는 표정으로 물었다.

"작은 오라버니는 아침 드셨지?"

"물론이지요."

"차는 언제 내갈 거니?"

"왜 그러셔요?"

"어머니가 그러셨잖아. 차 내가는 법도 알아야 한다고. 그래서 내가 차를 내가려고."

초희는 갑분이를 똑바로 보지 못하고 부엌 안을 살피며 말했다.

"차는 내가지 않을 건데요."

"왜?"

"작은 도련님은 벌써 출타하셨어요. 임금님이 부르셨대요."

"뭐? 그, 그럼 그분은? 오라버니 친구 분 말이야."

"같이 나가셨어요."

"다시 오신다지? 응?"

"아니요, 마님께 그동안 신세 많이 졌다고 인사드리고 가셨어요."

출타(出他) 집에 있지 아니하고 다른 곳에 나감.

스승님은 내가 찾을 거야

초희는 반쯤 열린 대문을 붙잡고 멍하니 밖을 내다보았다. 심부름하는 척하면서 오라버니의 방에 드나들 생각이었다. 그러다 보면 오라버니와 그 선비의 대화에 낄 수도 있고, 학문에 대한 얘기도 자연스럽게 들을 수 있으리라 생각했다. 하지만 그럴 수 없게 되었다.

대문 밖이 왁자지껄 소란스러웠다. 도령 몇몇이 책을 옆에 끼고 장난치며 지나갔다. 서당에 가는 길일 것이다. 초희는 대문을 조금 더 열어 도령들의 뒷모습을 계속 바라보았다. 맨바지저고리 차림에 짚신을 신은 아이들도 책을 옆에 끼고 지나갔다. 다른 사람들도 많이 지나다녔지만 초희의 눈에는 또래 남자아이들만 보였다. 감투인 양 옆구리에 책을 끼고 가는 모습이 부러웠다.

초희는 혼자서 이 대문을 나선 적이 단 한 번도 없었다. 스승님을 만나러 가는 건 상상도 못 할 일이었다. 초희는 조심스레 대문 건너로 한 발을 옮겼다. 치마 끝으로 당혜의 코가 삐죽 나왔다. 얼른 발을 대문 안으로 집어넣었다.

그날 밤, 초희는 꿈을 꾸었다. 균이와 함께 어딘가로 가는 꿈이었다. 가는 내내 균이는 뛰어다녔고 초희는 불안한 마음으로 뒤따랐다. 어느샌가 균이는 스승님 앞에 앉아서 공부를 시작했다. 하지만 초희는 어디로 가야 할지 몰라 허둥거렸다. 균이가 있는 서당 문을 열려고 했지만 문은 열리지 않았다.

꿈에서도 꿈인 걸 알았지만, 서당 문을 꼭 열어야겠다는 생각에 깨지 않으려고 억지로 눈을 감았다. 그러다가 눈을 뜨고 웅크린 몸을 천천히 폈다. 얼마나 힘을 주었는지 온몸이 부들부들 떨렸다. 점점 부아가 났다.

"누가 이기나 해보자고. 내가 꼭 열고 말 테니까."

당혜(唐鞋) 옛사람들이 신던 앞코가 작은 가죽신.

초희는 자리에서 벌떡 일어나 밖으로 나갔다. 우물가에서 직접 물을 떠서 세수도 하였다. 단정하게 옷을 입은 초희는 아침상을 기다렸다.

"그 선비는 어디로 가신다더냐?"

뜬금없는 질문에 갑분이가 눈을 끔벅거렸다.

"오라버니 친구 분 말이다. 여기저기 떠돌며 사는 선비를 어머니께서 그냥 보내셨을 리 없다."

그제야 갑분이는 눈을 치켜뜨며 뭔가를 기억하려고 미간을 찌푸렸다.

"아, 이달 선비님 말이지요? 어디더라, 남산 어디 선비 집에 잔치가 있어 간다고 했던 것 같아요."

'이달 선비님이셨구나. 함자˚도 모르고 찾아가려 했네.'

초희는 멋쩍은 듯 혼자 웃었다. 그리고는 화가 많이 난 사람처럼 갑분이를 노려보았다.

"너, 지난번에 요강 깬 것, 어머니가 알고 계시냐?"

갑분이의 눈이 놀란 토끼 눈이 되었다.

함자(銜字) 남의 이름을 높여 부르는 말.

"내 속저고리를 인두로 태워 먹은 건?"

갑분이가 두 손으로 입을 막은 채 바들바들 떨었다.

"아기씨, 그 일은 덮어 주시기로 했잖아요."

"나를 남산골로 데려가 다오. 그럼 내 절대 입을 열지 않겠다."

"남산골은 왜요?"

초희는 아주 큰 비밀을 털어놓기라도 하듯, 목소리를 낮춰 또박또박 말을 했다.

"내 스승님은 내가 찾을 거야."

갑분이는 아침상을 들고 나오며 머리를 흔들었다.

"아이고, 머리야. 저 고집불통 아기씨를 어쩐대."

갑분이는 여주댁의 까만 쓰개치마를 초희의 머리 위로 올려 주었다. 커다란 보자기에 싸인 것처럼 초희는 겨우 눈만 빼꼼 내밀었다.

"이렇게 하면 허 대감님 댁 아기씨인 줄 아무도 모를 거예요. 반

인두 바느질할 때 불에 달구어 천의 구김살을 눌러 펴거나 솔기를 꺾어 누르는 데 쓰는 기구. 쇠로 만들며 바닥이 반반하고 긴 손잡이가 달려 있음.
쓰개치마 예전에, 부녀자들이 나들이할 때, 머리와 몸 윗부분을 가리어 쓰던 치마.

나절 안에 다녀와야 해요. 엄니한테는 마님이 찾으시면 잘 둘러대 달라고 했어요."

갑분이가 앞장서서 큰 사랑채 뒤뜰로 향했다. 뒤뜰에는 밖으로 향하는 조그만 문이 있었다. 초희는 가슴이 콩닥거려 견딜 수가 없었다.

남산골은 가난한 선비들이 모여 사는 곳이었다. 공부하는 선비들이 모여 사는 곳이니 잔칫집은 금방 눈에 띌 것이다. 남산골로 가는 동안, 초희의 쓰개치마가 점점 내려왔다. 바깥 구경은 일 년에 한두 번, 여주댁을 따라 장에 가 본 게 전부였다. 짙은 초록으로 물든 나무와 파란 하늘은 집에서도 볼 수 있었지만, 생전 처음 보는 것마냥 새로웠다. 가슴이 탁 트이는 듯했다. 마을 앞을 지나면서는 아이들이 웃는 소리에 따라 웃었고, 장터를 지날 때는 상인들의 흥정에 덩달아 끼어들고 싶었다.

"아기씨!"

초희와 반대로 갑분이는 속에서 열이 나는 것을 겨우겨우 참고 있었다. 안방마님께 혼나고 풀 죽은 초희가 안쓰러워 바깥바람이라도 쐬어 주려고 나온 참이었다. 이달 선비를 만날 수 있으리라

고는 처음부터 생각지도 않았다.

"남산이 누구네 앞마당이래?"

갑분이가 궁시렁거렸지만, 초희는 들은 체 만 체하며 걸음을 빨리했다.

"여기가 남산 아래 마을이에요."

초가 몇 채가 보이는 곳에서 갑분이는 길가 나무 곁에 풀썩 주저앉으며 말했다.

"이달 선비님은 아기씨가 찾으셔요. 저는 힘들어서 더

는 못 가겠구먼요, 에구구…….”

"집 몇 채가 마을의 전부야?"

"아기씨도 참, 저기 산이 보이지요? 저 산을 빙 둘러서 군데군데 집들이 다 들어앉아 있잖아요."

갑분이는 팔을 쭉 뻗어 휘두르며 말했다. 초희는 쓰개치마를 내리며 귀를 쫑긋 세웠다. 잔칫집이 있으면 분명 사람들 소리에 시끄러울 터였다. 그런데 사람 그림자 하나 보이지 않는 것으로 보아 아무래도 여기

는 아닌 것 같았다. 초희는 천천히 다른 집을 찾아서 걸었다. 간밤에 꾸었던 꿈이 불현듯 생각났다. 초희는 주먹을 꽉 쥐었다.

"꼭 찾을 거야. 찾아서 스승님이 되어 달라고 부탁드릴 거야. 이달 선비님은 나의 간절한 마음을 모른 척하지 않으실 거야."

초희는 어디가 어딘지도 모르면서 앞으로 나아가기만 했다.

"아기씨!"

갑분이가 정신없이 초희를 쫓아 뛰어갔다.

흔들리는 배

초가 몇 채를 또 지나고, 실개천도 지났지만 잔칫집은 찾을 수 없었다. 초희도 슬슬 다리가 아파 왔다. 그렇다고 갑분이에게 엄살을 부릴 수는 없었다. 갑분이는 몇 발자국 떨어져 경치를 구경하는 척하면서 따라왔다.

"남산골이 대체 어디야?"

"제가 언제 남산골이라고 했어요? 남산 어디, 붓골인지, 두텁바위골인지, 남산에도 마을이 많다니까요."

"뭐?"

걸음을 옮기다 보니, 굴뚝에서 연기가 퐁퐁 나는 집이 보였다.

초희는 한달음에 그 집으로 달려갔다.

"주막이구나."

초희는 실망하여 돌아섰다. 뒤따라온 갑분이가 주막을 기웃거렸다. 초희가 갑분이의 손을 끌며 말했다.

"배고파도 참아라. 돈을 가져오지 않았으니."

"참, 아기씨도 세상 물정을 모르십니다."

갑분이는 주막 안으로 휙 들어가서 평상에 퍼질러 앉았다. 초희도 엉거주춤 따라 들어가 갑분이 옆에 조심스레 앉았다. 주모가 초희를 위아래로 훑어보고, 갑분이에게 말했다.

"이런 곳에 아기 상전을 모시고 다녀도 되남?"

"아줌마, 이 근처에 잔칫집 없어요?"

갑분이의 물음에 주모가 다시 한번 초희를 보았다. 초희는 쓰개치마 사이로 주모를 보았다.

"무슨 영문인지 모르지만 아기씨가 많이 지쳐 보이는구먼. 글쎄, 임당 어른 댁에 잔치가 있다고 들은 것 같기는 한데."

초희가 놀라서 쓰개치마를 홱 벗었다.

"거기가 어딘가?"

"두텁바위골이에요. 여기서 한참 더 가야 합니다."

"가자."

초희는 주모에게 고맙다고 말하는 것도 잊고 주막 밖으로 나갔다. 갑분이가 평상에서 천천히 일어났다.

"오늘은 여기까지구먼요. 아기씨, 갑분이 목숨은 하나뿐이라고요. 빨리 집으로 가셔요."

초희도 더는 걸을 힘이 없었다. 터벅터벅 집으로 걸어가면서 초희는 자꾸만 뒤를 돌아보았다.

'내일은 꼭 스승님을 만날 거야.'

다음 날, 어머니에게 아침 문안 인사를 드리는데 다리가 후들거렸다. 어머니 방에는 오라버니도 있었다. 오라버니가 자꾸 자신을 보는 것 같아 불안했지만, 초희는 준비한 말을 입 밖으로 꺼냈다.

"어머니, 죄송해요. 그동안 저 때문에 마음고생만 하시고. 그래서 오늘은……."

어머니와 눈이 마주치자 초희는 얼른 고개를 떨구었다.

"오늘은 제가 어머니께 올릴 죽을 끓이겠습니다. 그리고 나서 잠깐 갑분이와 장 구경을 다녀와도 될까요?"

어머니는 어이없다는 듯 웃었다. 오라버니도 따라 웃었다. 초희는 어쩐지 오라버니의 웃음이 마음에 걸렸지만 금세 잊었다.

죽을 끓이는 건 밥을 짓는 것보다 어려웠다. 솥 바닥에 죽이 눌어붙지 않게 계속 저어야 했다. 뜨거운 김이 손과 얼굴에 달라붙어 숨도 제대로 쉬기 어려웠다. 그래도 초희는 콧노래를 불렀다. 잠시 후면 남산으로 스승님을 만나러 갈 것이다.

까만 쓰개치마를 쓰고 초희는 달리듯 걸었다. 어제보다 더 먼 길이었다. 해 지기 전에 갔다 와야 하는데, 갑분이는 자꾸 엉뚱한 데를 기웃거렸다.

"불쌍해라."

갑분이의 시선을 따라 초희도 고개를 돌렸다. 네댓 살쯤 되어 보이는 아이가 길가에서 흙을 파먹고 있었다. 다 떨어진 옷에 흙먼

지가 잔뜩 묻은 더벅머리 아이를 보니 눈살이 저절로 찌푸려졌다.

"흙이 맛있니?"

"네?"

"왜 하필이면 흙을 먹어? 밥이 더 맛있을 텐데."

"아기씨도 참, 밥이 맛있는 줄 모르는 사람이 어디에 있대요? 먹고 싶어도 못 먹는 거지요. 얼마나 배가 고프면 흙을 파먹겠어요, 쯧쯧."

"왜? 부모가 밥도 안 해 준대?"

초희는 어린 자식한테 밥도 안 해 주는 부모를 당장 혼내고 싶었다.

"세상엔 아기씨처럼 복 받은 사람이 많지 않답니다. 저도 저 아이보다는 팔자가 낫겠거니 하고 살아요. 평생 종살이에서 못 벗어나도 굶지는 않겠지 하고요."

갑분이는 소맷자락으로 눈을 문지르며 앞장서서 걸었다. 초희는 쉽게 걸음이 떨어지지 않았다. 더벅머리 아이가 그 자리에 푹

더벅머리 더부룩하게 난 머리털.
팔자(八字) 사람이 태어난 해와 달과 날과 시간 속에 일생의 운명이 정해져 있다는 뜻.

쓰러져 다리를 끌어안으며 눈을 감았다.

두텁바위골까지 가는 동안, 사람들의 모습이 하나하나 눈에 들어왔다. 이제까지 초희가 본 사람들은 집에 온 손님들이 전부였다. 그들은 늘 잘 웃었고 잘 먹었고 잘 차려입었다. 세상 사람 모두가 그렇게 사는 줄 알았는데……. 물결에 흔들리는 작은 배처럼 초희의 마음이 출렁거렸다.

임당 어른 댁을 물어물어 찾아갔지만, 이달 선비는 없었다. 하룻밤 지내고 나서 다른 곳으로 갔다고 했다.

"남산골로 가셨대요."

갑분이가 다른 선비들한테 전해 들었다고 했다.

집으로 돌아온 후, 초희는 쉽게 잠들 수 없었다. 오랜만에 글을 짓고 싶었다. 어머니가 싫어하셔서 마음으로만 지었다 허물었던 글을 종이에 적어 두고 싶었다. 초희는 천천히 일어나 방에 불을 켰다. 지필묵●을 담아 두었던 상자를 찾았지만 없었다. 분명 서랍 속에 두었는데, 어머니가 원망스러웠다. 여자에게는 글 한 줄 못 쓰게 하는 세상도 원망스러웠다. 초희는 다시 자리에 누워 눈을

지필묵(紙筆墨) 종이와 붓과 먹을 아울러 이르는 말.

감았다. 아버지의 서가에서 본 책의 장면이 떠올랐다. 꽃들이 피어 있고 나비가 춤추며 아름다운 선녀와 사람들이 평화로이 살고 있는 또 다른 세상의 모습이었다. 초희는 낮에 보았던 아이와 사람들을 그곳으로 불러 모았다. 더벅머리 아이가 배시시 웃었다.

담장 밖 세상 구경

"아기씨, 가마 타고 갈까요? 제가 마님께 잘 말씀드릴게요."

"싫다."

초희가 고집스럽게 입을 꾹 다물고 대문을 나섰다. 어제 하루 종일 보자기 세 장에 수를 놓았다. 김씨 부인이 시키지 않았는데도 초희는 꿈적도 하지 않고 앉아서 수를 놓았다. 몇 번이나 바늘에 찔렸지만 엄살 한 번 피우지 않았다. 대신 어머니에게 외출 허락을 받았다.

김씨 부인은 초희가 음식을 하고, 수를 놓는 것이 답답하여 잠

가마 예전에, 한 사람이 안에 타고 둘이나 넷이 들거나 매던, 조그만 집 모양의 탈 것.

깐 머리를 식히려고 외출하는 줄 알았다. 여느 때 같으면 바깥출입은 말도 안 되는 일이었지만, 고집 센 초희를 살살 달래려면 어쩔 수 없다는 생각에 허락했다.

오늘은 갑분이가 더 서둘렀다.

"아기씨, 날씨가 왜 이렇대요? 비가 오면 어쩌지요?"

하늘을 올려다보니, 초희도 걱정되었다.

'삼고초려라는 말이 있다지. 하지만 나는 아직 스승님을 뵙지도 못 했으니. 만나기만 하면 나의 스승님이 되어 달라고 세 번 아니, 열 번이라도 빌어 볼 수 있을 텐데.'

오늘도 이달 선비를 못 만날까 봐 초희는 불안했다.

남산골은 조용했다. 마을 입구 느티나무 밑 평상에서 아이들이 놀고 있었다. 흙을 파먹고 있지는 않았지만 차림새는 초라했다.

"너희들 혹시 이달 선비님이라고 아니?"

갑분이는 이 동네에 이달 선비가 없다는 걸 확인하고 얼른 집에 돌아가고 싶은 모양이었다. 아이들은 서로 쳐다보며 모르겠다는

삼고초려(三顧草廬) 인재를 맞아들이기 위해 참을성 있게 노력함. 중국 삼국 시대에, 촉한의 유비가 세상을 피해 숨어 살던 제갈량의 초가로 세 번이나 찾아갔다는 데서 유래.

듯 고개를 갸웃거렸다.

"이 동네에 널린 게 선비인데, 이달인지 박달인지도 어딘가에 있겠지 뭐."

아이들 옆 평상에 누워 있던 한 남자가 느릿느릿 몸을 일으키며 말했다.

"어디예요? 어디에 있어요?"

초희가 참지 못하고 다가가 물었다. 남자가 초희를 훑어보았다.

"보아 하니 어느 댁 규수 같은데, 세상에 공짜가 어딨소?"

초희는 이 남자가 무슨 말을 하는지 몰라 갑분이를 보았다. 갑분이는 '그럼 그렇지.' 하는 표정으로 혀를 끌끌 찼다.

"아기씨, 푼돈이나 좀 쥐어 줘요."

초희는 그제야 주머니에서 엽전을 꺼내 갑분이에게 주었다. 갑분이에게서 돈을 건네받은 남자가 한 곳을 가리켰다.

"저기, 저 집이 이 마을 서당이오. 거기 가서 한번 물어 보슈. 선비들이 가끔 들르는 곳이니."

남자는 이 말을 남기고 히죽거리며 다른 곳으로 가 버렸다. 아이들이 초희와 갑분이를 보며 킥킥거렸다. 아무래도 이상했다. 갑

분이가 서당으로 달려갔다. 그런데 잠시 후 갑분이는 초희가 서당에 도착하기도 전에 손을 내저으며 도로 나왔다.

그제야 남자에게 속았다는 것을 깨달은 초희는 갑분이를 보며 씁쓸하게 웃었다. 그리고 천천히 남산골을 돌며 마음을 다독였다. 또 언제 집 밖으로 나올 수 있을지 모를 일이었다. 설사 나온다 한들 이달 선비를 어찌 만날까.

"그래도 세상 구경 많이 했어. 그치?"

"네. 저도 아기씨 덕분에 맘 놓고 집 밖으로 다녔어요. 고마워요. 미안하고요."

"네가 왜 미안해?"

초희는 갑분이의 마음 씁쓸이가 고마웠다.

어둑어둑해서야 집에 도착했다. 여주댁이 잘 둘러댔겠지, 생각하며 초희는 두근거리는 가슴을 가라앉혔다. 갑분이는 무섭지도 않은지 성큼성큼 대문으로 다가갔다. 갑분이가 대문을 여는 소리가 천둥소리처럼 크게 들렸다. 온 집안이 발칵 뒤집혔으면 어쩌나, 초희는 고개를 푹 숙이고 대문 안으로 들어섰다. 아니나 다를까, 여주댁이 달려와 초희를 이리저리 살폈다. 다행히 어머니는 보이지 않았다. 대신 오라버니가 대청˙ 앞에 서 있었다.

"어디를 다녀오는 게냐?"

오라버니의 목소리가 마당을 울렸다. 초희는 아무 말도 못하고 갑분이를 보았다. 갑분이가 대신 살려 달라고 빌면 좀 나을 텐데, 갑분이는 여주댁 곁에 서서 아무 말도 하지 않았다. 슬쩍 웃는 것 같기도 했다.

"장 구경을 갔다가, 정신이 팔려서 그만……."

오라버니에게는 사실대로 말하고 싶었지만, 일을 키우고 싶지 않았다. 오라버니도 초희를 마냥 귀여워해 주던 예전의 그 오라버니가 아니었다.

"요즘 바깥출입이 잦구나. 아버님이 돌아오실 때도 다 되어 가는데, 집안 건사˙ 못했다는 꾸지람을 듣기는 싫구나."

오라버니는 성질 고약한 재상˙이 될 게 분명하다. 오라버니의 꾸지람을 들으며 초희는 입안에서 혀를 쏙 내밀었다.

대청(大廳) 한옥에서 방과 방 사이에 있는 큰 마루.
건사 제게 딸린 것을 잘 보살피고 돌봄.
재상(宰相) 임금을 돕고 모든 관원을 지휘하고 감독하는 일을 맡아보던 벼슬.

글방 동무

초희는 오랜만에 꿀잠을 잤다. 거의 매일을 꿈속에서 여기저기 헤매고 다녔는데, 꿈도 전혀 꾸지 않고 깊이 잤다. 아무래도 몸이 피곤해서 그런 것 같았다.

"아기씨, 둘째 도련님이 건너오라고 하셨습니다."

그러면 그렇지, 그냥 넘어갈 오라버니가 아니었다. 어제는 너무 늦어서 큰소리를 내지 않은 것뿐이었다. 초희는 마음을 다잡고 작은 사랑채로 갔다.

"손님이 오셨느냐?"

댓돌에 오라버니의 신발 말고 또 다른 신발이 있었다.

"글쎄요."

갑분이는 이 말을 남기고 가 버렸다. 초희는 방문을 두드렸다.

"오라버니."

초희의 목소리가 조심스러웠다.

"들어오너라."

방으로 들어서니, 웬 선비가 고개를 돌려 초희를 보았다. 초희도 살며시 고개를 들어 그 선비를 보았다. 그러고는 소스라치게 놀라 뒤로 물러섰다.

"네가 그토록 찾아 헤매던 분이시다."

"오라버니가 어찌……."

오라버니가 웃었다. 오라버니의 모습에 갑분이의 웃는 모습이 겹쳐졌다.

"그럼 다 알고 계셨습니까?"

"그렇지 않으면 갑분이와 네가 몇 날을 나다닐 수 있었겠느냐?"

듣고 보니 그러했다. 초희는 갑분이 머리를 콩 쥐어박아 주리라 생각하며 방문을 쏘아보았다. 그러다 이달 선비와 눈이 마주쳤다. 초희는 방정맞은 모습을 들킨 것 같아 고개를 푹 숙이고 앉았다.

"영특하다고 오라비의 칭찬이 대단했다. 글을 읽고 쓸 줄 안다고 들었는데, 왜 꼭 스승을 두고 배우려 하느냐?"

초희는 얼굴이 붉어졌다. 스승님께 듣는 첫 번째 질문이었다. 초희는 마른침을 삼켰다. 이달 선비도, 여자는 더 이상 배울 필요가 없다고 말할까 봐 겁이 났다.

"저는 성현*들의 넓고 깊은 학문과 지혜를 배우고 싶고, 시도 짓고 싶습니다."

초희는 떨리는 음성으로 또박또박 말하려고 애썼다.

"시를 짓고 싶다고?"

"제 마음엔 항상 어지러운 눈발들이 있습니다. 흔들리는 배도 있습니다. 그것들이 붓을 따라 종이에 담기는 게 좋습니다. 시를 쓰면서 살고 싶습니다. 감히 제가 이런 꿈을 꾼다는 게 말이 안 된다 하시겠지만요."

초희의 목소리가 점점 낮아졌다.

"아니다. 시는 누구나 쓸 수 있다."

"네?"

성현(聖賢) 지혜와 덕이 뛰어나 길이 우러러 본받을 만하며 어질고 총명한 사람.

초희는 이달 선비의 말에 놀라 오라버니를 보았다. 지금까지 누구나 시를 쓸 수 있다고 말해 준 사람은 없었다. 이달 선비와 오라버니가 마주 보고 고개를 끄덕였다.

"그래서 초희 너도 함께 공부했으면 좋겠구나. 이 선비를 스승으로 모시고 글공부해 보아라. 이따끔 우리 같이 글을 지어 서로 얘기도 나누자꾸나."

"오라버니, 방금 하신 말씀은······."

초희는 더 이상 말을 잇지 못했다.

"나는 태어나면서부터 아무런 부족함 없이 자랐다. 스승님께 글을 배우고 세상에 나아가 벼슬하는 것도 당연한 내 몫으로 여겼다. 한데 너를 보며 글을 읽고 짓는 것이 얼마나 큰 행복인지 알게 되었단다. 이 행복을 나만 누릴 수는 없다. 우선은 너와 나누고, 세상과 나누고 싶구나."

"오라버니······."

"선물이 있다."

오라버니는 비단 보자기에 싼 꾸러미를 서안˚ 위에 올려놓았다.

서안(書案) 책상을 이르는 옛말.

"풀어 보아라."

초희는 서안에 다가가 보따리를 천천히 풀었다.

"아!"

보자기가 스르르 내려가고 책 두 권과 붓, 벼루, 먹이 차례로 탑을 이루고 있었다. 초희는 책 한 권을 집어 들어 펴 보았다. 아무 글도 없는 빈 종이를 묶은 책이었다.

"그동안 글을 짓지 못해 답답했지? 이제 그 책에다가 너의 마음을 모두 담아 보아라."

초희는 책을 꼭 끌어안고 냄새를 맡았다.

"이제 우리는 글방 동무가 되는 거다."

"글방 동무요?"

"함께 책을 읽고, 글도 지으며 학문의 깊이를 더해 가는 동무 말이다."

스승님과 오라버니와 동무가 되다니, 그것도 마음껏 책을 읽고 시를 짓는 동무가 되다니, 초희는 꿈인지 생시인지 분간이 되지 않았다. 그때 방문이 벌컥 열렸다.

"저도 글방 동무할 거예요."

균이가 씩씩거리며 방문 앞에서 떼를 썼다.

"당연히 너도 글방 동무니라, 허허."

균이는 헤벌쭉 웃으며 초희 옆에 앉았다.

"어머니께서 누이는 여자라 글공부하면 안 된다 하였습니다."

균이의 말에 초희가 얼굴을 찌푸렸다. 균이는 초희에게 혀를 쑥 내밀었다.

"초희는 여자이기 이전에 사람이다. 사람은 누구나 글공부를 하여 사람다운 사람이 되어야 한다."

초희는 허리를 곧게 펴고 숨을 깊게 내쉬었다. 그리고 초롱초롱한 눈빛으로 오라버니에게 말했다.

"오라버니, 균이는 제가 가르치겠습니다."

균이가 멀뚱멀뚱 초희를 쳐다보다가 소리를 질렀다.

"싫어요, 누이는 무섭단 말이에요!"

글방 동무들의 웃음소리가 방문을 넘고, 담장을 건너 멀리 퍼져 나갔다.

선녀의 글재주를 지녔던 천재 시인, 난설헌 허초희

아버지와 오빠의 사랑 아래 행복하게 시를 짓다

난설헌 허초희는 1563년 부유한 양반 가문에서 태어나 넉넉한 어린 시절을 보냈어요. 그런데 허난설헌이 살았던 조선 시대는 남자를 귀하게 여기고 여자를 천하게 여겨서 여자는 글을 배우거나 학문할 수 없었어요. 하지만 허난설헌의 아버지 허엽은 생각이 트인 사람이어서 딸에게도 아들들과 똑같이 배움의 기회를 주었지요. 게다가 허난설헌은 어릴 적부터 영특해서 혼자 힘으로 천자문을 떼고, 8살에는 〈광한전 백옥루 상량문〉이라는 글을 지어 신동 소리까지 들었답니다.

그러나 허난설헌은 자신의 재능에 기대어 자만하지 않았어요. 아버지가 동생 허균에게는 누이를 본받으라고 꾸짖으면서 허난설헌에게는 쉬엄쉬엄 공부하라고 말릴

허난설헌의 영정
동국대학교 손연칠 교수가 허난설헌의 아버지 허엽의 직계 자손을 모델로 하여 그린 그림이에요.

허난설헌이 어린 시절을 보낸 강릉 초당동의 생가예요. 지금은 허균·허난설헌 기념관으로 쓰이고 있어요.

정도였다니 학문에 대한 열의˙가 얼마나 대단했는지 알 수 있지요.

    허난설헌의 둘째 오빠 허봉은 누이동생의 문학적 재능과 총명함을 특별히 아꼈어요. 그래서 자신의 친구 이달에게 허난설헌을 지도해 달라고 부탁했지요. 이달은 벼슬에 나아갈 수 없는 서자˙ 출신이었지만 시를 아주 잘 짓고 학식도 높은 시인이었어요. 허난설헌은 훌륭한 스승 밑에서 마음껏 책을 읽고 시를 배우며 재능을 키워 나갔습니다.

열의(熱意) 어떤 일을 이루기 위하여 온갖 정성을 다하는 마음.
서자(庶子) 양반과 양민 여성 사이에서 낳은 아들.

허난설헌은 이렇게 자유로운 집안 분위기에서 아버지와 둘째 오빠 허봉의 지원 아래 여자라는 굴레에 얽매이지 않고 원하는 공부를 할 수 있었답니다.

'여자로 태어난 것, 조선에서 태어난 것'이 한이다

그러나 계속될 것 같던 행복은 15살에 결혼하면서 끝나고 말았어요. 허난설헌이 시집간 안동 김씨 집안은 5대째 과거 급제한 명문가로, 집안만 보면 아주 어울리는 혼인이었지요. 그러나 남편 김성립은 신동으로 소문난 아내를 감당하지 못했어요. 자기보다 시를 잘 짓고 똑똑한 아내를 견디지 못해 밖으로만 나돌았지요. 시어머니 송씨도 책 읽고 시 쓰는 며느리를 못마땅해하며 아들이 과거에 급제하지 못하는 것을 며느리 탓으로 돌렸습니다.

불행은 계속되었어요. 친정아버지가 죽고, 오빠 허봉마저 귀양을 가게 되었지요. 허봉은 이듬해 귀양살이에서 돌아왔지만, 억울한 마음을 이기지 못해 여기저기 떠돌아다녔습니다. 그리고 얼마 뒤 어머니마저 세상을 떠나자 허난설헌은 어린 아들딸에 의지하며 고달픈 삶을 견뎌 내려 했어요. 하지만 그마저 뜻대로 되지 않았어요. 전염병으로 딸을 잃고 다음 해에는 아들까지 잃었지요. 허난설헌이 쓴 시 〈곡자〉를 보면 자식을 잃은 어머니의 비통한 심정이 잘 드러나 있어요.

허난설헌은 자식들을 잃은 충격에 유산을 하고 말았어요. 살아갈 이유를 찾지 못하고 시름시름 앓던 무렵 허봉이 금강산에서 죽었다는 소식까지 전해 들었지요. 사랑하는 아이들과 오빠를 잃은 뒤 허난설헌의 병은 점점 깊어만 갔고, 결

굴레 말이나 소 따위를 부리기 위하여 머리와 목에서 고삐에 걸쳐 얽어매는 줄에 비유하여 부자연스럽게 얽매이는 일을 이르는 말.
귀양 조선 시대에, 죄인을 먼 시골이나 섬으로 보내어 일정한 기간 동안 그곳에서만 살게 하던 벌.
전염병 남에게 옮는 성질을 지닌 병.
비통(悲痛) 몹시 슬퍼서 마음이 아픔.
유산(流産) 배 속의 아이를 잃음.

안동 김씨 선산에 있는 허난설헌의 무덤이에요. 1986년 9월 7일 경기도 기념물 제90호로 지정되었어요. 무덤 옆에는 시비(시를 새긴 비석)가 있어요.

국 27살 꽃다운 나이에 세상을 떠났어요. 허난설헌은 "여자로 태어난 것, 조선에서 태어난 것 그리고 김성립의 아내가 된 것"을 세 가지 한°이라고 말하며 "다시는 이 땅에서 여자로 태어나지 않겠다."는 말과 함께 자신이 쓴 시를 모두 태워 달라고 유언을 남겼습니다.

중국에서 먼저 주목받은 《난설헌집》

허난설헌은 불행한 삶 속에서도 꾸준히 시를 지었어요. 살아생전 쓴 시가 방 하나를 가득 채울 정도였다고 하니 왕성한 창작욕°을 짐작할 만하지요. 그러나 안타깝게도 허난설헌의 유언에 따라 작품들은 거의 대부분 불타 사라지고 말았답니다.

다행히 누이의 재능을 아깝게 여긴 남동생 허균이 친정에 남아 있던 시와 자신이 외우는 시를 모아 《난설헌집》을 엮었어요. 그런데 임진왜란이 일어나 바로 시집을 내지는 못하고 8년 뒤 명나라에서 온 오명제라는 사람에게 누이의 시 200편을 소개했지요. 오명제는 이 시들을 《조선시선》, 《열조시집》 등의 시집에 실었고, 시들이 주목을 받으면서 '허난설헌'이라는 이름도 명나라에 알려지게 되었습니다. 이후 1606년에는 허균이 명나라 사신 주지번과 양유년에게 자신이 편집한 《난설헌집》을 건네주었어요. 그들은 허난설헌의 시에 대해 "세상을 뛰어넘어 인

한(恨) 몹시 원망스럽고 억울하거나 안타깝고 슬퍼 응어리진 마음.
창작욕(創作慾) 새로운 예술 작품을 만들어 내려는 욕구.

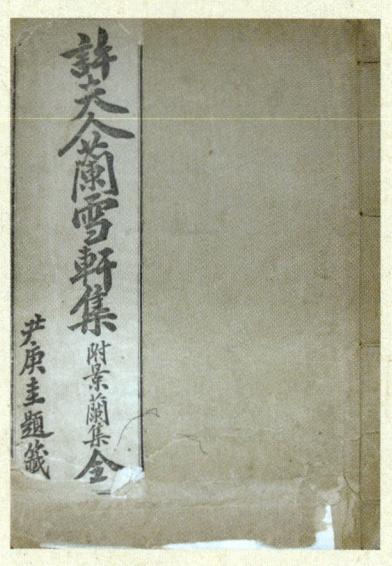
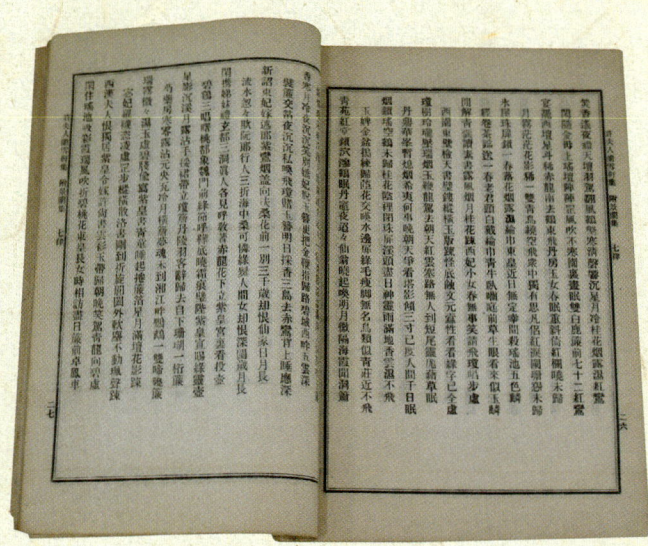

《난설헌집》
허균이 누이 허난설헌의 시를 모아 펴낸 유고집*이에요. 《난설헌집》은 이후에도 꾸준히 사랑받아 일제 강점기에도 출간되었어요. 위는 1913년에 출간된 책이에요.

간 세상에 있는 것 같지가 않다."고 칭찬하며 조선에 이렇게 뛰어난 시인이 있다는 사실에 감탄했지요. 주지번과 양유년은 명나라에 돌아가 허난설헌의 시집을 출간했는데, '낙양*의 종이 값을 올려놓았다'는 평을 들었을 만큼 큰 인기를 끌었답니다.

《난설헌집》은 1608년에 조선에서도 출간되었어요. 하지만 조선의 양반들은 달가워하지 않았어요. 그들은 허균이 자기가 쓴 시를 누이의 시라고 우긴다며 비아냥거리거나, 여자가 시를 쓰면 얼마나 쓰겠냐며 멸시*했어요. 당시 명나라를 대국으로 섬기던 조선 양반들로서는 여자의 시가 명나라에서 인기를 끈다는 사실을 인정할 수 없었던 것이지요.

유고집(遺稿集) 죽은 사람이 생전에 써서 남긴 원고를 묶은 책.
낙양(洛陽) 중국 허난 성 서북부의 지명.
멸시 업신여기거나 하찮게 여겨 깔봄.

우리나라 최초의 여류 시인으로 역사에 이름을 남기다

허난설헌은 다른 양반 남자들처럼 스스로 '난설헌'이라는 호를 지었어요. 그리고 여성이 재능을 펼칠 수 없었던 조선 시대에 당당히 자신의 이름으로 재능을 인정받아 역사에 이름을 남겼지요.

아버지와 두 오빠 그리고 동생 허균과 함께 '허씨 집안의 다섯 문장가'로 손꼽힐 만큼 글재주가 뛰어난 데다 외모까지 아름다워 '선녀의 글재주'를 지녔다고 칭송 받았던 허난설헌. 시대를 잘못 만난 천재 시인의 삶은 너무 빨리 져 버렸지만, 허난설헌이 남긴 아름다운 시들은 오늘날 우리 곁에서 찬란히 빛나고 있습니다.

시로 본 허난설헌의 일생

허난설헌이 쓴 시에는 자신의 인생이 고스란히 담겨 있어요. 8살에 쓴 〈광한전 백옥루 상량문〉에서부터 자식을 잃은 아픔을 담은 〈곡자〉에 이르기까지, 시로써 허난설헌의 애달픈 삶을 헤아려 보아요.

광한전 백옥루 상량문 廣寒殿 白玉樓 上樑文*

*廣 넓을 광 寒 찰 한 殿 전각 전 白 흰 백 玉 구슬 옥 樓 다락 루 上 위 상 樑 들보 량 文 글월 문

어기여차 떡 던져라, 들보˚ 머리 동쪽 보니

새벽녘에 봉황 타고 신선 주궁˚ 들어가네

아침 해가 동쪽 바다 아래에서 떠오르니

만 갈래의 붉은빛이 바다를 붉게 물들이네

어기여차 떡 던져라, 들보 머리 남쪽 보니

옥룡이 한가로이 구슬 못물 마시누나

은 침대서 잠을 깨자 꽃 그늘진 한낮인데

웃으면서 요비˚ 불러 푸른 적삼˚ 벗게 하네

들보 칸과 칸 사이의 두 기둥을 건너지르는 나무.
주궁(朱宮) 붉게 칠한 궁전.
요비(瑤妃) 여자 신선의 이름. 서왕모의 딸.
적삼 저고리와 같은 모양으로, 윗도리에 입는 홑옷.

어기여차 떡 던져라, 들보 머리 서쪽 보니

푸른 꽃은 떨어지고 오색 난새 우는구나

비단에다 글 써 보내 서왕모를 초청하고

학을 타고 돌아오니 날이 이미 저물었네

어기여차 떡 던져라, 들보 머리 북쪽 보니

바닷물이 아득하여 북두칠성에 잠겼구나

대붕새가 하늘 박차 바람을 일으키니

구천 하늘 먹구름이 뒤덮여서 컴컴하네

난새 중국 전설에 나오는 상상의 새.
서왕모(西王母) 중국 신화에 나오는 여신의 이름. 먹으면 죽지 않는 약을 가진 선녀라고도 함.
대붕새 하루에 구만 리를 날아간다는, 매우 큰 상상의 새.
구천(九天) 가장 높은 하늘.

 시 풀이

상량문은 집을 지을 때 대들보를 올리는 예식에서 쓰는 글이에요. 허난설헌은 8살 때 신선 세계에 있다는 광한전 백옥루의 상량식에 자신이 초대받았다고 상상하면서 이 글을 지었어요. 여러 신선이 초대된 예식에 글을 지을 만한 사람이 없어서 자신이 초대되었다는 내용이지요. 《난설헌집》에 전하는 유일한 산문시로, 허난설헌은 이 글을 통해 신동으로 이름을 날렸어요. 위의 내용은 〈광한전 백옥루 상량문〉의 일부예요.

기부강사독서 寄夫江舍讀書*

*寄 부칠 기 夫 남편 부 江 강 강 舍 집 사 讀 읽을 독 書 책 서

제비가 처마 스치며 쌍쌍이 나는데

지는 꽃 요란하게 비단 옷에 떨어지네

동방*의 아득한 봄 경치에 마음 서글픈데

풀 파릇한 강남에 임 돌아오지 않네

동방(洞房) 부녀자들이 머무는 깊숙한 안쪽 방.

 시 풀이

허난설헌은 죽기 전에 '김성립의 아내가 된 것이 한'이라고 이야기했지만, 그래도 신혼 때에는 남편과 사이가 나쁘지 않았던 모양이에요. 남편에 대해 애틋한 마음을 표현한 시들이 남아 있거든요. 이 시도 결혼하자마자 과거 공부를 위해 집을 떠난 김성립에게 허난설헌이 부친 시예요. 따뜻한 봄이 되니 제비도 쌍쌍이 돌아오는데, 서방님(임)은 왜 나를 보러 오지 않느냐고 귀엽게 투정 부리는 내용이랍니다.

기하곡 寄荷谷*

*寄 부칠 기 荷 멜 하, 꾸짖을 하 谷 골 곡, 곡식 곡

어두운 창 등불 낮게 비치고

반딧불은 높은 누각* 넘나드네

깊고 고요한 밤은 차갑고

가을 잎은 쓸쓸히 지는데

산과 물에 막혀 소식 뜸하니

깊은 시름* 풀 길이 없네

멀리 청련궁*에 계신 오빠 그리워할 때

빈 산속 여라*에 달빛만 밝네

누각 사방을 바라볼 수 있도록 문과 벽 없이 다락처럼 높이 지은 집.
시름 마음에 걸려 풀리지 않고 항상 남아 있는 근심과 걱정.
청련궁(青蓮宮) '청련'은 중국 시인 이백의 호로, 허봉을 이백에 견주어 오빠가 머무는 곳을 '청련궁'이라고 칭함.
여라(女蘿) 덩굴 이름. 은자가 숨어 사는 곳을 뜻함.

시 풀이

하곡은 허난설헌의 둘째 오빠 허봉의 호예요. 허난설헌은 정치 문제로 허봉이 귀양을 갔을 때, 이 시를 지었어요. 시집살이로 고달픈 나날을 보내던 허난설헌에게 자신을 가장 아껴 주던 둘째 오빠의 귀양은 어떤 의미였을까요? 아득한 함경도 땅에 귀양 간 오빠의 소식을 알 길이 없어 아픈 데는 없는지, 춥지는 않은지, 끼니는 잘 챙겨 먹는지, 하나부터 열까지 걱정되었을 거예요. 허난설헌은 이 시에서 어두운 밤 홀로 앉아 오빠를 걱정하는 누이동생의 마음을 잘 그렸답니다.

곡자 哭子*

*哭 사람의 죽음을 슬퍼하여 우는 예 곡　子 자식 자

지난해에는 사랑하는 딸을 잃고
올해는 사랑하는 아들을 잃었네
슬프고 슬픈 광릉 땅에
두 무덤이 마주 보고 솟았네
백양나무에 쓸쓸히 바람이 불고
무덤에 도깨비불 번쩍이는데
지전˙으로 너의 혼을 부르고
맑은 술 너의 무덤에 붓는다
그래 안다 너희 형제의 넋이
밤마다 서로 따라 노니는 것을
가령 배 속에 아이가 있더라도
어찌 잘 자라길 기대하리오
부질없이 황대 노래˙를 읊으며
피눈물 흘리며 울음 삼키네

지전(紙錢) 돈 모양으로 오린 종이. 죽은 사람이 저승 가는 길에 쓰라고 관 속에 넣음.
황대 노래 자식을 죽인 어미의 심정을 표현한 노래.

힘든 시집살이 동안, 허난설헌의 유일한 기쁨이었던 자식들은 모두 너무 어린 나이에 세상을 떠났어요. 이 시에는 자식을 잃은 어머니의 애끓는 심정이 절절히 드러나 있답니다.

몽유광상산시 夢遊廣桑山詩*

*夢 꿈몽　遊 놀유　廣 넓을광　桑 뽕나무상　山 산산　詩 시시

푸른 바다는 요해*에 젖어 들고

파란 난새가 아름다운 봉새에 기대네

연꽃 스물일곱 송이가

서리처럼 찬 달빛에 붉게 지네

요해(瑤海) 신선이 산다는 바다.

 시 풀이

23살이던 1585년, 어머니가 돌아가셔서 외가에 머물던 허난설헌은 꿈속에서 두 선녀와 함께 구슬과 옥으로 된 산으로 올라갑니다. 그 산 위에서 선녀들은 허난설헌에게 시를 지어 달라고 하지요. 이 시는 꿈속에서 지은 시를 기억을 더듬어 옮겨 적은 거예요.

이 시에서 허난설헌은 '연꽃 스물일곱 송이가 서리처럼 찬 달빛에 붉게 지네'라는 구절을 지었어요. 그리고 실제로 그 구절처럼 27살의 나이에 고요히 세상을 떠났습니다.

참고한 책
《나는 당당하게 살리라》(박정희 글, 푸른나무, 2005)
《스물일곱 송이 붉은 연꽃》(이경혜 쓰고 엮음, 알마, 2007)
《허난설헌》(허미자 글, 성신여자대학교 출판부, 2007)
《허난설헌》(김은미 글, 비룡소, 2011)

한문 풀이 도움 주신 곳_한국고전번역원